우리는 모두 생물이니까

MONDES FUTURS: LA BIODIVERSITÉ
© Journal Albert - éditions La Poule qui pond
Author: Julie Lardon
Illustrator: Yohan Colombié-Vivès
All rights reserved.

No part of this publication may be used or reproduced in any form or by any means without written permission except in the case of brief quotations embodied in critical articles or reviews.

Korean Translation Copyright © 2024 by Dasan Books
The Korean translation rights arranged through Rightol Media (Email:copyright@rightol.com) and BC Agency, Seoul.

이 책의 한국어판 저작권은 BC 에이전시를 통한 저작권자와의 독점 계약으로 ㈜다산북스에 있습니다.
저작권법에 의해 한국 내에서 보호를 받는 저작물이므로 무단전재와 무단복제를 금합니다.

뉴제너레이션 시리즈 04

선생님도 몰랐던 미래 읽기 프로젝트

우리는 모두 생물이니까

줄리 라르동 글 | 요한 콜롬비에 비베스 그림 | 곽지원 옮김

차례

생물에 대한 여러 가지 연구
생물 분류의 역사 … 8
수백만 종류의 생물들 … 18
생물들의 공동체 '생태계' … 22

생물 다양성 보호하기
생태계에 대한 관심 … 28
정치에서의 생태학 … 34
자연이 우리에게 주는 것 … 38
중요한 지역들 … 42
생물 다양성 보호의 전환점 … 47
지구 환경 성적표 … 48

대멸종이 일어날까?
대규모 멸종　　　　　　　　　　　　　　　52
생물종이 사라지는 원인　　　　　　　　　54
생물 다양성 감소　　　　　　　　　　　　66
다양한 국제 환경 기구　　　　　　　　　68
야심 찬 목표　　　　　　　　　　　　　　70

우리는 모두 생물이니까　　　　　　　76

생물에 대한 여러 가지 연구

생물 분류의 역사

생물 다양성

'생물 다양성'은 지구상에 사는 생물들의 다양한 형태를 일컫는 말이에요. 1960년대에 등장한 이 단어는 '생물학적 다양성'의 줄임말로, 1980년대에는 전문가들 사이에서 많이 쓰이다가, 점차 대중적인 단어로 자리 잡았어요.
생물 다양성은 유전적 다양성, 생물 종류의 다양성, 생태계 속 관계의 다양성 등으로 단계를 나눌 수 있어요. 21세기부터 생물 다양성은 대체로 두 번째, 즉 생물의 무수히 많은 종을 지칭하는 뜻으로 쓰입니다. 이를 바탕으로 생물 다양성의 충격적인 감소와 제6차 대멸종에 대해 이야기하는 과학자들도 있답니다.

고대의 생물 분류 방식

호모 사피엔스라 불리는 현대 인류는 처음 등장한 순간부터 주변에 존재하는 다양한 종류의 생물들을 구별하고 이름을 붙여 왔습니다.
선사시대, 수렵 채집 활동을 했던 사람들은 자신의 관찰을 바탕으로 생물을 분류했어요. 각 생물의 생김새를 살펴보며 서로 어디가 닮았는지 공통점과 차이점을 찾아 나눈 것이지요.
오랜 시간이 흐르면서 학자들은 생물을 분류하는 과학적 근거를 만들기 시작했어요. 기원전 4세기에 그리스 철학자인 테오프라스토스는 《식물의 역사》라는 열 권짜리 식물도감을 썼습니다. 그 책의 내용은 식물 분류 목록을 작성하고 세분화한 것이었지요.
같은 시기에 테오프라스토스의 스승인 아리스토텔레스도 종의 분류 체계를 정리한 《동물 탐구》를 발표했습니다. 이 책에는 유혈 동물(피를 가진 동물)과

무혈 동물(피가 없는 동물) 약 500종이 실려 있어요. 유혈 동물에는 어류, 파충류, 양서류, 조류, 포유류 등이 있습니다. 무혈 동물은 껍데기로 덮인 달팽이류, 몸이 여러 부분으로 나누어진 지네류, 부드러운 껍질을 가진 새우류, 물렁물렁한 문어류 등 네 종류로 분류되지요. 오늘날에는 생소한 분류법이지만, 이 분류는 꽤 오랜 시간 동안 쓰였답니다.

칼 폰 린네의 새로운 생물 분류법

18세기 말이 되어서야 스웨덴의 생물학자인 '칼 폰 린네'가 현대적 생물 분류의 기초를 마련했어요.

식물에 특히 관심이 많았던 린네는 생물의 분류 체계를 만드는 작업을 했어요. 1735년에 발표한 첫 번째 책 《자연의 체계》에는 여러 종류의 생물과 그 분류 방법이 설명되어 있습니다.

이후 린네는 수년에 걸쳐 추가로 조사한 내용을 더하고, 전 세계 과학자들의 연구를 모아서 이전에 알려지지 않았던 동식물들을 계속 추가했습니다. 덕분에 이 책은 끊임없이 확장되고 수정되었지요.

35년이 지난 1770년, 《자연의 체계》 13번째 판이 나왔을 때는 무려 3,000쪽에 달하는 방대한 분량이었고, 1만 종이 넘는 생물이 설명되어 있었어요. 이 책은 최초로 여러 종간의 위계질서를 수립하면서 자연 과학 세계를 뒤집어 놓는 데 성공했습니다. 특히 종, 속, 과, 목, 강 등 서로 연관되어 있는 여러 개념을 정립하는 데 도움이 되었어요.

또 린네는 라틴어로 종의 속명, 종명을 차례로 표기하는 이명법으로 생물에 최초의 이름(학명)을 부여했어요. 예를 들어 붉은여우는 Vulpes vulpes, 회색늑대는 Canis lupus라고 부를 수 있지요.

오늘날에는 린네의 종 분류 방식에 여러 문제점이 있다고 여겨지지만, 그럼에도 린네가 확립한 명명법은 아직 전 세계에 사용되고 있어요.

사람

속 : 사람속
과 : 사람과
목 : 영장목
강 : 포유강
문 : 척삭동물문
계 : 동물계

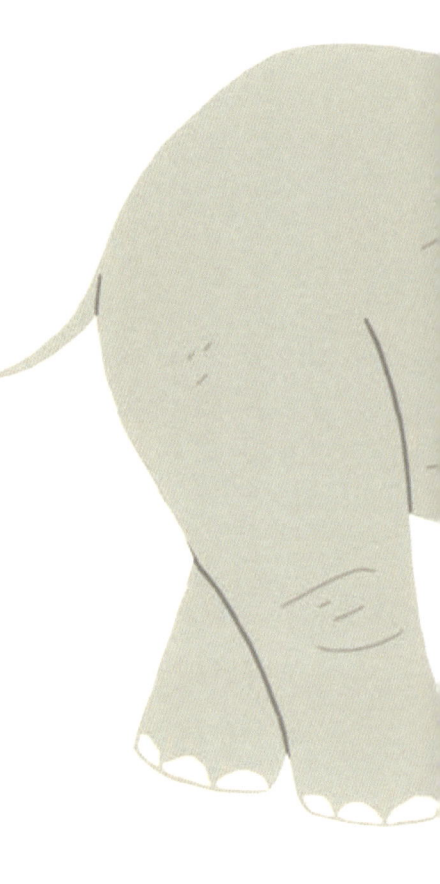

아프리카코끼리
- 속 : 아프리카코끼리속
- 과 : 코끼리과
- 목 : 장비목
- 강 : 포유강
- 문 : 척삭동물문
- 계 : 동물계

닭
- 속 : 닭속
- 과 : 꿩과
- 목 : 닭목
- 강 : 조강
- 문 : 척삭동물문
- 계 : 동물계

다윈의 진화론

칼 폰 린네의 분류 방법을 따른 지 100년쯤 지났을 무렵, 생물 다양성에 관심을 가진 새로운 생물학자가 등장합니다. 바로 찰스 다윈이에요. 린네의 《자연의 체계》가 당대의 생물종들만 고려했다면, 다윈은 그 시대를 넘어 이전과 이후의 생물을 연결하는 '종의 진화'를 주장했어요.

1859년, 다윈은 오늘날까지도 의미가 큰 책인 《종의 기원》을 썼습니다. 이 책에서 다윈은 환경에 잘 적응하는 개체가 살아남아 진화한다고 설명해요. 환경 변화에 적응한 생물들은 살아남는 데 도움이 된 특성을 후손들에게 물려줍니다. 반면 적응하지 못한 생물들은 사라지지요. 다윈은 이것을 '자연 선택'이라고 불렀어요.

또한 지구상에 존재하는 모든 생물은 신이 창조한 것이 아니라 흐르는 시간 속에서 자연환경에 따라 진화한 것이며, 이러한 방식으로 생물종이 다양해졌다고 주장했어요.

생물 분류 방법의 정립

린네와 다윈의 연구로 지금 우리가 사용하는 생물 분류 방법이 만들어졌어요. 모든 종은 다양한 범주에 속해 있고 서로 맞물려 있지요.

먼저 린네는 분류 체계를 더 세분화해서 동물계, 식물계, 광물계의 3가지 계와 각 계에 속한 문, 강, 목, 과, 속, 종, 변종 등의 계급을 새로 정리했습니다. 린네의 방식은 자연을 3개의 계로 나누

는 것에서 시작해 서로 포함 관계를 맺는 집단들로 구분하는 것이었어요. 각각의 계는 서로 다른 강으로, 강은 목으로, 목은 속으로, 속은 종으로 분리되었지요.

그러나 린네가 다루었던 광물계는 현재 생물로 보지 않습니다. 이후 1866년에는 에른스트 헤켈이 린네의 동물계와 생물계에 이어서 원생생물계를 분류 체계에 포함해 또 다른 3가지 체계를 만들었어요. 원생생물계는 세포가 하나인 단세포 생물부터 세포가 여러 개인 다세포 생물까지 다양해요. 해조류, 짚신벌레, 아메바 등이 여기에 속하지요.

이러한 분류 방법은 20세기부터 여러 과학자들에게 도전을 받았습니다. 연구가 심화될수록 생물 세계가 생각보다 훨씬 복잡하다는 것을 알았기 때문이에요. 그래서 새로운 분류 방법이 생겨났습니다.

1969년에는 로버트 휘태커가 생물종의 분류 체계를 동물계, 식물계, 균계, 원생생물계, 모네라계로 나누었어요. 균계와 모네라계를 추가한 것이지요. 균계의 대표적인 예는 버섯이에요. 핵이 있는 다세포로 광합성은 하지 않고 운동성도 없어요. 모네라계는 세포핵이 없는 원핵생물 전체가 속해 있던 계로 지금은 쓰이지 않아요. 박테리아나 고세균이 여기에 해당해요.

또한 1998년에는 토머스 캐빌리어스미스가 동물, 식물, 균류, 원생동물, 세균, 유색조식물이라는 6개의 체계로 생물종을 분류했습니다.

이러한 주장들은 다윈의 이론에서 직접적으로 영향받은 '계통발생학적 분류' 또는 '계통수'라고 불리는 체계를 바탕으로 해요. 계통수는 생명체의 진화적 관계를 요약하여 나뭇가지처럼 보여 주는 그림이에요. 다양한 생물 집단들 사이의 멀고 가까운 정도와 진화 과정 등을 담은 것이지요.

계통수

모든 생물을 포함할 수는 없지만 계통수를 통해 다양한 생물을 나누어 볼 수 있어요.

진핵생물
(핵이 있는 세포 생물)

- 외떡잎식물 및 쌍떡잎식물
- 겉씨식물
- 양치식물
- 홍조류
- 갈조류
- 와편모충류
- 규조류
- 유글레나류
- 조균류
- 접합균류
- 점균류
- 식물
- 동물
- 균

- 육질충류
- 섬모충류
- 동물성 편모충류
- 원생동물

- 녹색세균
- 남세균
- 연쇄상구균 및 포도상구균
- 유산균
- 박테리아

- 고세균
- 초고온성균
- 메탄생성균
- 클라미디아

수백만 종류의 생물들

아직 알려지지 않은 종들

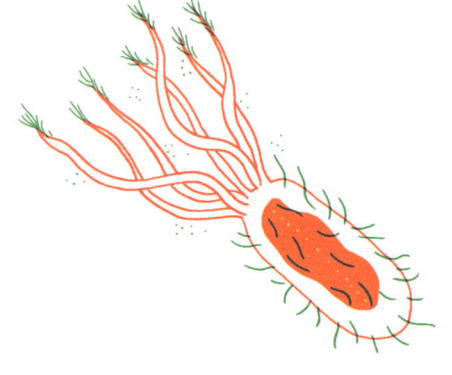

18세기 린네는 1만 종이 넘는 생물을 분류하였고, 그 이후 과학의 발달로 수십만 종이 추가되었습니다. 현재 알려진 생물의 종류만 세계적으로 150만 종이 넘어요. 생물 다양성의 개념은 이렇게 우리가 알고 있는 모든 종을 포함합니다. 그리고 여기에서 그치지 않고, 아직 발견되지 않은 모든 생물의 종도 포함하지요. 과학자들은 앞으로 발견해야 할 생물의 수가 얼마나 될지 알아내려는 시도를 해 왔습니다. 그 결과 지금까지 우리에게 알려진 생물은 전체의 10~20%밖에 되지 않는다고 해요. 2011년 미국의 과학 잡지인 《플로스 생물학》에 발표된 연구에 따르면, 지구 생물계(동물, 식물, 곰팡이, 박테리아 등)에는 약 870만 종이 살고 있다고 합니다.

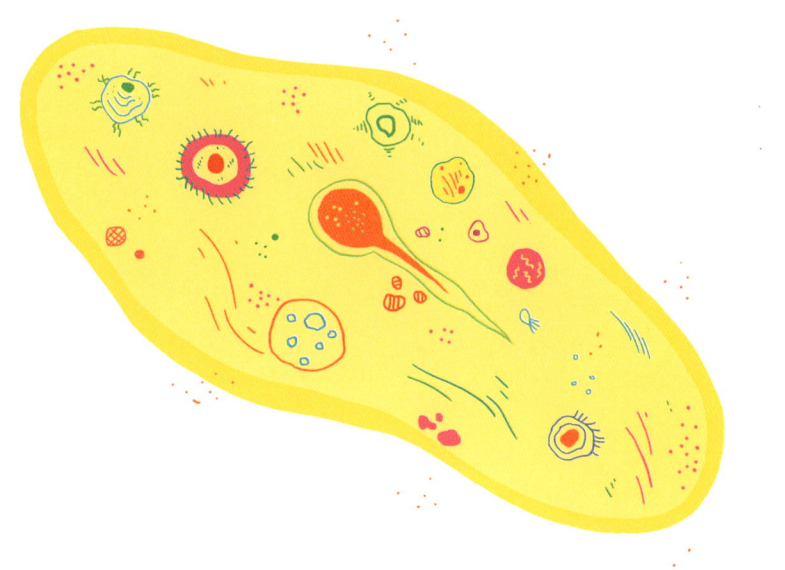

생물 다양성은 시간이 지남에 따라 변화하기 때문에, 이러한 수치는 연구마다 달라집니다. 매년 새로 발견되는 종이 16,000~18,000가지 정도지만, 동시에 약 20,000종이 발견되기도 전에 멸종해요.

생물 중에서 가장 많이 연구되고 알려진 생물은 육지 생물이나 조류와 같이 인간과 가까운 것들이에요. 반면 박테리아와 같은 미생물은 우리가 알고 있는 것보다 훨씬 많은 수가 존재할 것으로 추측해요.

2001년에는 전 세계 생물학자들이 연구하고 확인한 모든 종을 기록하는 〈생명 카탈로그〉라는 프로젝트를 시작했습니다. 꾸준한 기록 끝에 2013년에 이 목록에는 130만 개가 넘는 새로운 종이 추가되었어요.

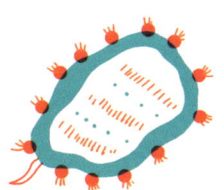

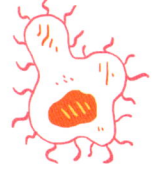

생명이 가장 풍족한 곳

의외로 대부분의 생명체가 사는 곳은 바다입니다. 바닷물이 지구 표면의 70%를 차지하기 때문이에요. 또한 해양 환경은 수천 년 동안 거의 변화하지 않았어요. 해양 환경에 서식하는 종들은 같은 곳에서 오래 살았기 때문에 더욱 쉽게 살아남을 수 있었지요. 바다 생물의 대부분을 차지하는 미생물들이 먹고 자랄 수 있게 해류와 수중 화산 활동이 영양분을 제공해 주었답니다.

바다 밑바닥의 약 95%, 특히 해구라고 불리는 심해의 골짜기는 탐사를 시작한지 얼마되지 않았어요. 수심이 6,000~11,000m에 달해 접근하기 어렵기 때문이에요. 그래서 수중 생물은 10종 가운데 1종 정도만 알려져 있는 상황입니다.

육지에서는 그보다 많은 종류가 확인되었어요. 육지 생물들은 다양한 환경에 살고 있는데, 특정 지역에 특별히 더 많은 종이 살고 있어요. 가장 다양한 생물 종이 발견되는 곳은 적도 주변에 있는 열대 우림이에요. 과학자들에 따르면 지구상의 식물과 동물 종의 절반 이상이 이 지역에 산다고 해요.

열대 우림은 인간이 접근하기 어렵기 때문에 오염이나 삼림 벌채, 도로나 건물 건설 등을 피하여 야생 상태로 남아 있을 수 있었어요.

1988년, 유엔(UN, 국제연합) 산하 기구인 세계 자연환경 모니터링 센터에 따르면 생물 다양성이 특히 잘 보존된 17개 나라가 있습니다. 브라질, 콜롬비아, 남아프리카공화국, 마다가스카르, 중국, 인도네시아, 오스트레일리아 등으로 이 나라들은 '생물 다양성 부국'이라고 불리지요.

생물들의 공동체 '생태계'

자연에서 동물, 식물, 미생물은 같은 환경에서 상호 작용하고 발전하는 공동체를 형성해요. 이것을 '생태계'라고 부릅니다. 생태계의 모든 생명체를 아울러 생물 군집이라 부르며, 이 생물들이 생존하고 진화하는 환경은 소생활권이라고 하지요.

생태계 안에서 모든 생물은 다른 개체와의 관계를 만들고, 환경과의 관계도 형성해 갑니다. 이는 모두 상호 의존하는 관계예요. 그래서 생태계에서 성장하고 진화하려는 모든 생물은 환경뿐 아니라 자연환경을 구성하는 다른 생명체를 필요로 한답니다.

생태계의 분류

하나의 생태계 안에서 생명체는 보통 세 종류로 구별됩니다. 첫 번째는 '1차 생산자'로, 식물이 여기에 해당해요. 햇빛과 공기 또는 물을 기반으로 성장하지요.

두 번째 범주는 '소비자'예요. 1차 생산자가 소비자에게 산소와 식량을 공급해 주지요. 주로 동물이 해당하는 범주로, 1차 생산자인 식물을 먹고 살아요. 때때로 어떤 동물들은 다른 육식동물들을 먹이로 삼기도 하지요.

마지막 범주는 '분해자'예요. 분해자는 주로 미생물이지요. 소비자인 동물의 배설물이나 나뭇잎 같은 잔해를 먹고 유기물로 변환하는 역할을 해요. 이들은 1차 생산자들을 먹여 살리는 비료가 되지요. 이렇게 서로 영향을 줍니다.

생태계는 어느 수준에서든 찾아볼 수 있어요. 어디든 서로 긴밀하게 연결된 다양한 생태계가 존재하고 있지요. 한 그루의 나무에서도 숲과 같은 하나의 생태계를 찾을 수 있답니다.

생태계에 대한 관심

자연 보전하기

옛날 사람들도 자연 보전에 대해 생각하고 보호했다면 믿어지나요?
고대에는 자연 공간의 일부를 보존했어요. 예를 들어 그리스에서는 신성한 숲을 종교적인 이유로 보호했답니다.
하지만 이를 제외하면 수백 년 동안 사람들은 자연 보호나 인간이 자연에 미치는 영향에 대해 거의 생각하지 않았어요.
사람들이 환경에 다시 관심을 가진 것은 자연 과학의 발전이 있었던 18세기 말부터였습니다. 19세기 유럽과 미국 등에서는 자연을 이용해 급격히 발전을 이루어 나갔어요. 유럽에서는 공장, 철도, 다리 등 많은 기반 시설이 만들어지면서 산업 혁명이 일어났지요. 미국은 서부를 개척해 많은 정착민을 끌어들였고, 숲을 개간해서 새로운 도시와 농사 지을 밭을 만들었어요.
급격한 발전과 동시에 사람들은 숲을 무분별하게 개발할 것이 아니라 보존해야 한다는 것을 깨달았어요. 이때 온전한 상태의 자연(동물, 식물 등)이 보호되는 장소를 지정해 사람들이 자연을 감상할 수 있는 국립 공원을 조성해야 한다는 의견도 나왔습니다.

국립 공원은 자연 경치가 뛰어난 곳의 자연환경과 문화적 가치를 보호하기 위해 나라에서 지정하고 관리하는 곳입니다.
세계 최초의 국립 공원은 미국의 옐로스톤 국립 공원이에요. 와이오밍주, 몬태나주, 아이다호주에 걸쳐 있는 이 공원은 면적이 9,000km²에 달하며 간헐천과 온천을 볼 수 있어요. 흑곰, 회색곰, 코요테, 고라니 같은 많은 동물의 서식지이기도 해요. 1978년에는 유네스코(UNESCO) 세계 자연 유산으로 등재되었습니다. 또 미국 캘리포니아주에 있는 요세미티 국립 공원은 빙하의 침식으로 만들어진 풍경이 유명한 곳이에요. 1890년에 미국 국립 공원으로 지정되었으며, 1984년에 유네스코 자연 유산에 등록되었지요.
이후 전 세계의 많은 나라에서 자국의 자연을 보호하기 위해 여러 지역을 국립공원으로 지정하고 보호하기 시작했어요.

우리나라의 국립 공원

우리나라는 1967년에 처음으로 국립 공원 제도를 도입했어요. 지리산이 제1호 국립 공원으로 지정되었지요. 지리산 국립 공원은 천왕봉, 반야봉, 노고단 등 높은 봉우리가 많아 산세가 웅장해요. 그리고 가을 단풍으로 유명한 피아골을 비롯하여 20여 개의 크고 작은 골짜기가 자리잡고 있어요. 이곳에는 유서 깊은 사찰, 국보, 보물 등의 문화재도 풍성하게 모여 있지요.
현재는 가야산, 경주, 계룡산, 내장산, 다도해 해상, 덕유산, 무등산, 변산반도, 북한산, 설악산, 소백산, 속리산, 오대산, 월악산, 월출산, 주왕산, 지리산, 치악산, 태백산, 태안 해안, 팔공산, 한려 해상, 한라산 등 23개의 국립 공원이 지정되었고 관리되고 있습니다.

동물 보호하기

20세기 초, 사람들은 숲과 마찬가지로 동물을 보호하는 일에도 신경 쓰기 시작했어요. 사냥이나 낚시 같은 여가 활동이 많아지면서 힘없고 약한 동물 종을 보호하는 법률이 필요해진 것이지요.

1928년에는 생물 다양성 보호에 앞장서는 국제 자연 보전 연맹(IUCN)을 결성했습니다. 이후 제2차 세계대전으로 자연환경의 파괴가 심각해지자 세계 각국은 회담을 열었고, 국제 자연 보전 연맹은 유엔의 지원으로 1948년에 정식 국제기구가 되었어요. 국제 자연 보전 연맹은 자원과 자연의 관리, 동식물 멸종 방지를 위해 국가 간의 협력을 도모하고 있습니다.

정치에서의 생태학

1960년대에 들어서면서 생태계에 관한 과학 연구가 더욱 본격적으로 진행되었어요. 많은 연구자는 인간의 활동이 세계적인 생태 위기를 불러온다고 경고했지요.

1965년에 조류학자 장 도르스트는 《자연이 죽기 전에》라는 책에서 인간이 생물 다양성을 해치는 원인이라고 강하게 비판했습니다. 이때부터 생태계에 대한 관심이 과학계뿐 아니라 정치권에서도 생겨났지요.

이로부터 3년 뒤인 1968년, 파리에서는 과학자들뿐 아니라 경제적, 정치적으로 관련된 사람들이 모두 모여 '생물권 회의'를 열었어요. 환경 문제에 대처하기 위해 처음으로 권고안을 만드는 토의를 했지요.

유엔의 환경 운동

1971년 교육, 과학, 문화 보급을 위한 유엔 기구인 유네스코는 '인간과 생물권 프로그램'을 시작했습니다. 프로그램의 목표는 세계 각 국가가 경제 발전과 환경 및 생물 다양성 보존 사이에서 균형을 찾는 것이었어요.

이듬해인 1972년에는 스웨덴 스톡홀름에서 '유엔 인간 환경 회의'가 열렸습니다. 이 회의는 지구 환경 문제가 국제적인 관심사로 부상하게 된 결정적인 계기가 되었어요. 모든 유엔 회원국이 초청되어 환경 보존에 대해 여러 차례 논의한 결과로 '유엔 인간 환경 선언'이 채택되었습니다. 이 선언은 지구 환경 문제를 해결하기 위해 국제 사회가 채택한 최초의 선언으로 지구 환경 논의의 기틀을 마련했지요.

1973년 유엔은 지구 환경 문제 논의의 중심 기구로 '유엔 환경 계획(UNEP)'을 설치했어요. 유엔 환경 계획은 많은 국제 환경 협약과 지구 환경 보전 사업을 수행하며 지구 환경 문제의 해결을 위한 국제적 노력을 주도하는 기구로 발전했습니다.

자연이 우리에게 주는 것

1960년대 이후 세계 정치 지도자들과 시민들은 자연을 보호해야 하는 모든 인류의 공동 유산으로 인식했어요.

실제로 자연은 인간에게 필요한 많은 것을 충족시켜 주고 있어요. 그중 가장 중요한 게 바로 식량이지요. 인간의 영양소를 채워 주는 수많은 채소와 과일은 자연에서 얻으니까요. 과일이나 채소 같은 작물의 75%는 수술의 꽃가루가 암술에 묻는 수분이 이루어지면 열매를 맺어요. 이때 많은 식물이 여기 저기 옮겨 다니는 곤충을 통해 꽃가루받이를 합니다. 동물과 식물이 함께 존재하기에 식량도 얻을 수 있지요.

그리고 자연은 우리가 따듯하게 살고 이동할 수 있도록 귀중한 연료를 제공해 줍니다. 전 세계 20억 명 이상의 사람이 나무를 난방용으로 쓰고 있어요.

또한 식물은 생명체가 호흡하기 위해 필수적인 산소를 공급합니다. 이산화 탄소를 마시고, 산소를 내뱉는 광합성을 하지요. 그 외에도 식물을 이용해서 치료에 쓰는 약을 만들 수 있어요. 예를 들어 진통제인 아스피린은 버드나무 껍질에서 발견된 물질로 처음 만들었어요.

마지막으로 자연환경은 우리를 보호해 줍니다. 나무와 바다, 땅은 대기 중으로 방출되는 온실가스의 약 3분의 2를 흡수해요. 우리를 둘러싼 생물 다양성을 보존하는 것은 간접적으로 인간종을 보존하는 방법이기도 해요. 모든 종은 생태계에 살고 있고, 그 안에서 각각 역할이 있기 때문이에요. 그중 하나만 사라져도 도미노 효과로 전체 생태계가 영향을 받습니다.

문화적으로 접근하는 사람들은 인간을 자연의 한 부분으로 보기도 해요. 아마존 숲에 사는 일부 부족은 자연과 교감하며 지내지요. 아마존의 수호자로 불리는 카야포족의 라오니 추장은 '우리는 숲을 통해 숨을 쉬며, 벌목과 파괴를 지속한다면 우리 모두가 이 땅에서 사라질 것이다.'라고 호소했어요.

그러나 모든 사람이 자연을 보호해야 한다는 입장은 아니에요. 시간이 흐르면서 생물 다양성 보존에 대한 시각도 다양해졌어요. 예를 들어, 브라질은 2019년 자이르 보우소나루 대통령의 취임 이후 몇 년 동안 아마존 삼림 벌채에 대한 관리 방침이 크게 변했어요. 브라질 국립 우주 연구소의 위성 관측에 따르면 2019년에 잘린 나무의 수는 2018년에 비해 크게 증가했다고 해요. 엎친 데 덮친 격으로 2019년 여름에 발생한 수만 건의 화재는 수천 헥타르의 열대 우림을 불태우고 아마존을 황폐하게 만들었어요. 게다가 아마존에 거주하며 그곳을 야생 상태로 보존해 오던 원주민들은 땅에 대한 권리를 정부에 빼앗겼어요. 브라질 정부는 이 땅을 새로 개간해서 농경지를 확대했지요.

식물은 열매를 맺고, 이 열매는 동물들의 먹이가 돼요. 벌이 없다면 사과, 토마토, 커피, 코코아 등 다양한 음식이 존재할 수 없을 거예요.

그러나 최근 몇 년 사이 꿀벌의 수가 급격히 감소하고 있어요. 원인은 기후 변화로 2000년대에 급속도로 퍼져 나간 등검은말벌과 같은 포식자와 벌의 신경계에 닿아 죽음에 이르게 하는 살충제 때문이에요.

중요한 지역들

1960년대와 1970년대에 이르러 세계 각국의 정부는 인간의 행동으로 생물 다양성이 감소하지 않도록 생물종을 보존하는 해결책을 고민했습니다.
그러면서 1980년대에는 새로운 학문 분야인 보전 생물학이 등장했어요. 인간의 활동이 다른 생물종과 생태계에 미치는 영향을 측정하고 연구하는 분야입니다.

생물 다양성 핫스폿

그로부터 약 10년 후인 1988년, 과학계에는 '생물 다양성 핫스폿'이라는 새로운 개념이 등장했습니다. 옥스퍼드 대학교의 노먼 마이어스는 생물 다양성 대부분이 실제로 매우 좁은 지역에 집중되어 있다고 주장했어요. 식물의 거의 절반과 척추동물(포유류, 양서류, 조류, 파충류 등)의 3분의 1이 대륙 표면 100분의 1 정도 되는 지역에 산다는 것이지요. 이로부터 시작된 개념인 생물 다양성 핫스폿은 그 지역에만 자라는 토착 식물 종이 1,500종 이상 있고, 서식지의 파괴가 70% 이상 진행된 지역을 뜻해요.
이후 한 연구에서 25개의 핫스폿을 구분하여 상세히 설명했고, 이 개념은 미국의 국제 보존 협회(CI)를 비롯한 여러 생물 다양성 보호 단체에서 공식화되었어요.

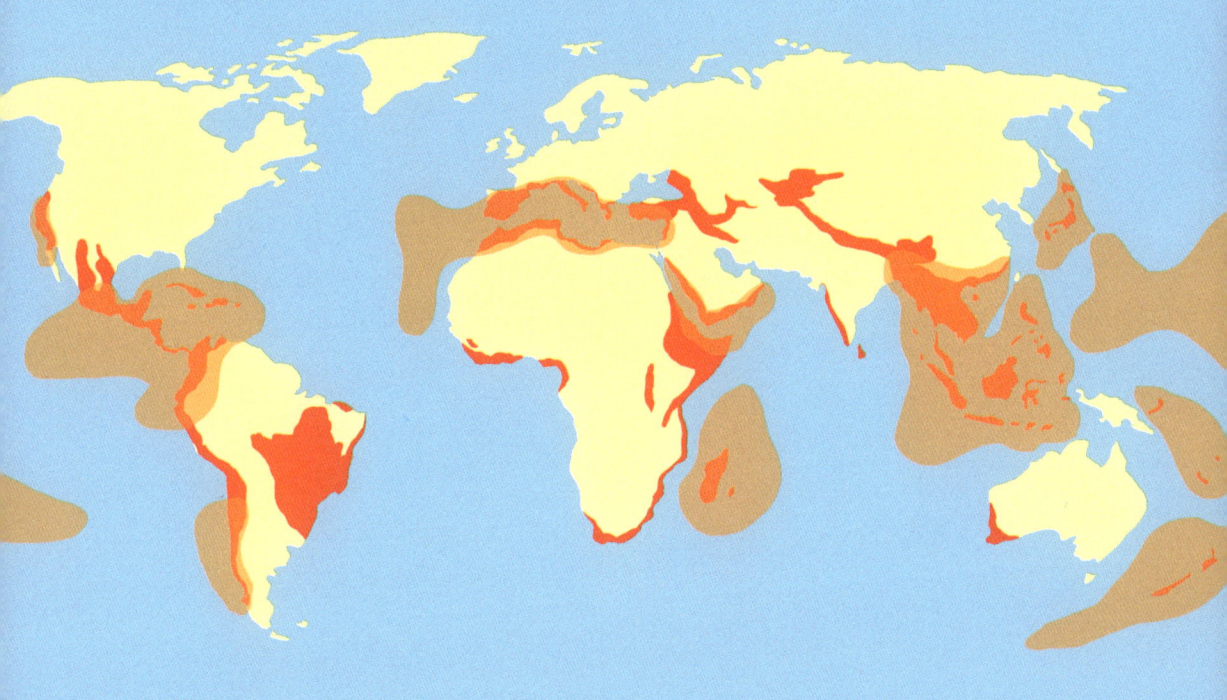

34개의 핫스폿

2004년에는 34개의 핫스폿이 지정되었어요.
가장 넓은 지역은 태평양, 지중해 전역, 마다가스카르 주변의 인도양, 동남아시아(특히 캄보디아, 라오스, 베트남, 미얀마, 필리핀, 인도네시아)에 있어요. 오스트레일리아 대륙 동쪽에 있는 산호초를 포함하는 지역도 포함되었습니다. '바다의 열대 우림'이라는 별명이 붙은 이 암초들은 특히 큰 위협을 받고 있다고 해요.

생물 다양성 보호의 전환점

1992년 : 중요한 한 걸음

1992년 6월은 생물 다양성 보호의 진정한 전환점이었어요. 브라질 리우데자네이루에서 열린 '지구 정상 회의'는 178개국의 정부 대표와 7,892개의 민간 단체 대표 등이 참석한 사상 최대 규모의 국제회의였지요.

이들은 환경 보호와 생물 다양성 보존에 대해 논의했어요. 모든 사람이 이 문제의 중요성을 알고 있었지요.

이 회의에서 '생물 다양성에 관한 협약'이 채택되어 168개의 나라와 기관이 서명했어요. 그리고 1993년 12월 29일에 발효되었지요. 협약에 가입한 나라들은 생물 다양성을 보전하기 위해 노력하고 있어요.

지속 가능한 발전

지구 정상 회의에서는 자연을 훼손하지 않고도 세계가 발전할 수 있다는 개념인 '지속 가능한 발전'이 등장했습니다. 지속 가능한 발전을 위해 '어젠다 21'이라는 행동 계획도 수립했어요. 여기에는 생물학적 다양성에 관한 협약 뿐만 아니라 기후 변화와 온실가스 감소에 관한 협약도 담겨 있습니다.

지구 환경 성적표

21세기를 맞이하여, 국제 사회는 환경과 생물 다양성을 보호하기 위한 행동 계획을 수립하기로 했습니다.

유엔은 전문가들에게 '새 천 년 생태계 평가'라는 보고서를 의뢰했어요. 2001년부터 시작한 이 작업은 100개국에서 1,300명 이상의 전문가들이 참여했어요. 보고서의 목표는 생태계가 인간의 활동으로 얼마나 변화하거나 위협받고 있는지 과학적 연구를 통해 정확하게 평가하는 것이었지요.

또한 보고서에는 많은 생물종과 생태계가 사라졌을 때 인간에게 발생할 잠재적 영향도 설명하고 있어요. 환경을 복원하거나 보존하기 위한 조치들도 제시하고 있습니다.

2005년 유엔에 제출된 이 보고서는 심각한 결론을 담고 있었어요. 그것은 바로 20세기 후반, 불과 50년 만에 인간은 인류 역사상 가장 빠른 속도로 생태계를 매우 심각하게 악화시켰다는 것이에요.

생태계 파괴의 가장 큰 원인은 식량과 물 또는 가스, 석유, 석탄 등의 에너지를 공급하기 위해 자연을 이용한 것이었어요. 나무를 베어 내고 숲을 없앤 다음 그곳에 밭을 만드는 일 등이 포함되었지요.

1950년에서 1980년까지 30년 동안에 이전 150년보다 더 많은 숲이 깎이고 사라졌어요. 그 결과 생태계가 파괴되면서 자연에 서식하는 종의 수가 급격히 줄어들었지요.

또한 열대 지역에서는 1980년대에서 2000년대 사이 해안가에 사는 나무인 맹그로브의 3분의 1 이상이 사라졌어요. 이처럼 습지에는 식물(특히 뿌리가 발달한 식물)뿐만 아니라 많은 생명체가 살고 있어 위협받고 있지요.

보고서에 따르면 특히 파괴되고 있는 또 다른 생태계가 있는데 바로 산호초입니다. 산호는 식물처럼 생겼지만 따뜻한 바다에 사는 동물이에요. 산호들이 켜켜이 쌓여 만들어진 산호초 지대는 산소 함량이 높고 먹이가 풍부해 세계 바다 생물의 4분의 1이 살아가지요. 하지만 산호초 지대는 1980년에서 2000년 사이에 전 세계적으로 면적이 5분의 1이나 줄었습니다.

대규모 멸종

약 38억 년 전 지구에 생명체가 출현한 이래로 여러 차례 대규모 멸종이 일어났어요. 대멸종이란 지구상에 살고 있는 대부분의 생물이 매우 짧은 기간에 사라지는 생물학적 위기를 뜻해요.

과학자들은 대멸종을 다섯 가지 주요 사건으로 구분합니다.

최초의 대멸종은 약 4억 4천5백만 년 전으로 추정해요. 대규모 빙하기가 찾아와 새로운 자연환경에 적응할 시간이 없었던 많은 종을 빠른 속도로 멸종시켰어요. 이 사건으로 전체 생물종의 약 85%가 멸종되었다고 합니다.

두 번째 대멸종은 약 3억 7천만 년 전으로 당시 지구상에 존재하는 종의 75%가 사라졌어요. 이때 일어난 대규모 멸종의 원인은 오늘날까지도 분명하지 않아서 과학자들의 논쟁거리예요.

그리고 약 2억 5천만 년 전, 세 번째 대멸종이 다시 생물종을 강타했고 해양 생물의 95%, 육지 생물의 70%가 사라지는 위기가 왔지요.

이후 2억 1천만 년 전에 발생한 4차 대멸종 때 동물의 35%가 사라졌고, 6천6백만 년 전 백악기-팔레오기의 5차 대멸종 때는 공룡을 포함한 생물종의 50%가 사라졌습니다.

과학자들은 6번째 대규모 멸종인 '홀로세 멸종'이 진행되고 있다고 주장해요. 홀로세 멸종은 1만 3천 년 전부터 현재까지 진행 중인 전 지구적인 종의 멸종 사건을 말해요.

인간은 지구의 여러 곳을 개척하는 과정에서 다른 생물들과 생태계에 해로운 영향을 끼쳤어요. 이에 따라 선사시대 동안 이미 유럽의 털매머드, 동굴곰, 미국의 자이언트비버 등 많은 종의 동물들이 사라졌지요.

그리고 오늘날, 이론적으로 지구상에 존재하는 800만 가지 이상의 종 가운데 약 100만 종이 멸종 위기에 처해 있어요.

생물종이 사라지는 원인

파괴된 자연 서식지

국제 과학자 단체인 '유엔 생물 다양성 과학 기구'는 전 세계 지도자들에게 보내는 보고서를 발표했어요.
이 단체에 따르면, 종이 소멸하는 주요 원인은 자연의 인위적인 변화로 일어난 '자연 서식지의 파괴'라고 해요.
파괴된 서식지 중 절반은 숲을 농경지나 목초지로 바꾸는 데에서 비롯되었지요. 예를 들어, 세계에서 가장 큰 열대 우림인 아마존은 1970년에서 2014년 사이 거의 면적의 20%에 가까운 숲을 잃었는데, 이는 한반도 전체 면적의 세 배가 넘는 760,000km² 정도의 넓이예요. 또한 벌목된 땅의 많은 부분은 소

를 기르기 위한 목초지를 만드는 데 사용되었어요. 조금 더 남쪽인 파라과이 서부와 아르헨티나 북부에 걸쳐 있는 그란 차코 지역의 숲도 점점 더 빠른 속도로 사라지고 있습니다.

국제 환경 단체 '마이티 어스'의 조사에 따르면, 1990년 이후 이 지역의 약 80,000km²의 숲이 전 세계 농가의 사료를 공급하는 콩밭으로 대체되며 사라졌다고 해요.

동남아시아의 인도네시아에서도 열대 우림이 위험에 처해 있어요. 보르네오섬에서는 수천 헥타르의 열대 우림이 야자수로 대체되어 야자수를 수확하고 있어요.

숲을 개간하는 또 다른 이유로는 도로 건설, 도시의 확산, 광산 개발이나 수력 댐의 건설 등 다양한 '인간 활동'이 있어요.

삼림 벌채는 1990년에서 2000년 사이에 최고조에 달했지만(매년 평균 130,000~160,000km² 소멸) 2010년대 이후 감소하고 있습니다. 그러나 여전히 전 세계적으로 연평균 65,000km²에 이르는 숲이 사라지고 있어요.

19세기 이후 세계는 숲의 약 3분의 1을 잃었습니다. 그 당시 숲에 살았던 생물종들은 모두 서식지를 잃었지요. 어떤 종들은 이주하는 데 성공했지만, 어떤 종들은 그냥 사라졌거나 멸종 위기에 처해 있습니다.

2007년 과학 잡지 《네이처》의 발표에 따르면 숲이 너무 빨리 사라질 때, 그곳에 사는 생물종들은 멸종 위기종이 될 가능성이 매우 높다고 합니다.

너무 많이 사용되는 자원

생물 다양성이 사라진 또 하나의 원인으로 과학자들은 천연자원의 과도한 사용을 뽑습니다. 인간은 지구가 생산할 수 있는 양보다 더 많은 자원을 쓰고 있어요. 세계 인구가 지속적으로 증가하면서 인간의 소비량도 점점 더 커지고 있지요. 특히 부유한 국가에서는 음식을 먹고, 옷을 입고, 집을 따뜻하게 하기 위해 많은 자원을 낭비하고 있어요.

또 전 세계적으로 주요 수산 자원에 대해서는 개체수 유지에 영향을 주지 않는 어획량을 정해 놓고 있어요. 그런데 식량과 농업 문제를 담당하는 유엔 기구인 식량 농업 기구(FAO)에 따르면, 전체의 3분의 2 정도가 그 범위 내에서 잡을 수 있는 최대치를 잡고 있고 약 3분의 1이 개체수 유지에 영향을 받을 정도로 남획된다고 해요.

즉, 짧은 시간에 너무 많은 물고기가 잡혀 바다에 남아 있는 수는 종이 번식하고 일정한 개체수를 유지할 만하지 않다는 뜻이지요. 그 결과 세계적으로 물고기의 수가 감소하고 있어요.

식량 농업 기구에 따르면, 2016년에 전 세계 바다에서 거의 9,100만 톤의 물고기가 잡혔는데, 이는 1950년에 비해 4배 증가한 수치입니다.

바다뿐만 아니라 숲에 사는 동물들도 너무 많이 사냥당하고 있습니다. 때로는 밀렵꾼들에게 불법적으로 포획되고 있어요.

2016년 《네이처》에 발표된 연구에 따르면 뿔이나 고기, 가죽 등을 얻으려는 사람들 때문에 밀렵이나 밀매에 희생되는 동물이 1,700종이 넘는다고 해요. 특히 아프리카코끼리, 수마트라뿔소, 서부고릴라 등이 큰 피해를 보는 상황입니다.

기후의 변화, 지구 온난화

생물 다양성 과학 기구에 따르면, 현재 지구상의 기후 변화도 생물 다양성이 줄어드는 데 영향을 미치고 있습니다. 하지만 삼림 벌채나 남획과 같은 인간의 '직접적인' 활동보다는 작은 요인이지요.

기후 전문가들은 기상 조사가 시작된 19세기 후반 이후 지구 평균 기온이 약 1°C 정도 상승한 지구 온난화 현상을 지적했습니다. 이는 공장 및 자동차에서 배출되는 이산화 탄소와 같은 온실가스가 하늘로 올라가 지구를 둘러싸는 바람에 대기의 열이 밖으로 나가지 못해서 나타나요. 1980년대 이후, 온실가스 배출량은 전 세계적으로 두 배까지 증가했다고 해요.

1°C라는 숫자는 매우 작게 느껴질 수도 있지만, 세계적으로 본다면 여러 생태계와 그곳에 사는 모든 사람을 교란할 만한 수치예요. 게다가 이미 임계점에 도달했고, 다시는 되돌릴 수 없는 상태지요. 기온이 상승할수록 생물 다양성에 미치는 영향은 더욱 크고 해로워요. 이제 유일한 해결책은 기온이 더 이상 상승하지 않도록 막는 것뿐입니다.

2015년 12월 파리에서 열린 제21차 유엔 기후 변화 협약 당사국 총회(COP21)에서 역사적인 협정이 체결된 것도 이러한 배경 때문이었어요. 196개국이 모여 21세기 말까지 기온이 2°C 이상 상승하지 않도록 노력하자고 약속했습니다.

기후 변화로 인한 종의 소멸

2018년 10월, 또 다른 국제 기후 전문가 그룹인 기후 변화에 관한 정부 간 협의체(IPCC)가 연구 보고서를 제출했어요. 이 보고서에 따르면 우리가 온도 상승을 막기 위한 행동을 하지 않는다면 2100년에는 지구 온도가 현재보다 5.5°C까지 상승할 수 있다고 해요.

1°C 상승한 현재 시점에서도 많은 종이 점진적으로 소멸하고 있어요. 예를 들어 빙하가 녹고 있는 북극과 남극에는 북극여우나 북극곰 같은 포유류를 비롯해 북극흰갈매기 같은 새나 여러 종류의 물고기가 살고 있어요. 그런데 지구의 기온 상승은 이들의 서식지를 뺏고, 먹이를 찾기 어렵게 만들어 점차 사라지게 하지요.

또한 지구 온난화는 대기 중 이산화 탄소의 증가로 바다를 산성화시켜요. 그래서 해양 생물 다양성, 특히 산호와 같은 특정 종에 큰 위협이 되지요. 풀처럼 생긴 이 생물은 종종 산호 장벽이나 산호 암초를 형성하는데, 암초들은 그 자체로 다른 생명체의 서식지예요. 그래서 바다의 열대 우림이라 불리기도 하지요. 그런데 물이 산성화되면서 산호가 병들고 있어요. 원래의 밝고 선명한 색을 잃고 하얗게 변하는 '백화 현상'이 일어나는데, 이러면 결국 죽게 되지요. 유네스코의 최근 연구에 따르면 산호초가 2050년이면 모두 사라질 수 있다고 해요. 최근 몇 년 동안 유네스코 세계 유산으로 등재된 거의 모든 암초는 백화 현상을 보였기 때문이에요.

또한 기후 변화에 관한 정부 간 협의체 전문가들에 따르면 2050년까지 지구의 온도가 2°C 이상 높아질 경우, 척추동물의 약 8%, 곤충의 18%, 식물의 16%가 자연 생활 공간의 절반 이상을 잃을 것이라고 합니다.

너무 오염된 행성, 지구

대기 오염과 토양 오염 또한 많은 생물종의 환경을 변화시키고 있어요.
좁은 면적에 많은 자원을 투입하는 집약 농업은 한 해에 여러 작물을 수확하기 위해 비료와 살충제를 사용해요. 이 물질들은 대체로 토양에 오래 남아 땅을 오염시키고, 때로는 비에 섞여서 강이나 지하수에 스며들어 오염을 확산시키지요. 이 오염으로 인해 많은 생물종이 위험에 처해 있어요. 살충제는 원래 해로운 곤충, 즉 해충이 농작물에서 자라는 것을 막기 위해 고안되었는데, 실제로는 해충뿐만 아니라 주변에 있는 모든 생명체가 자라는 것을 방해해요. 일반적으로 화학 물질을 사용하여 제조되는 비료 역시 종종 생물에게 위험한 독성을 포함하고 있어요.

또 다른 형태의 오염으로 산업에서 발생하는 오염이 있어요. 산업 종류에 따라 자연에 존재하면 안 되는 금속이나 수은, 비소 등의 중금속이 방출됩니다. 추정치에 따르면 매년 3억에서 4억 톤 정도의 오염 물질이 강물 등의 수생 환경으로 방출되고 있어요.

플라스틱 폐기물도 많은 오염을 야기해요. 1980년 이후 바닷속 플라스틱의 양은 10배 증가했고, 매년 800만 톤씩 늘어나고 있어요. 완전히 분해되는 데 수백 년이 걸리는 플라스틱 쓰레기는 해양 생태계에 심각한 위협이 되고 있어요. 물고기나 거북이들이 플라스틱을 너무 많이 먹기도 하고, 표류하는 어망에 걸려 죽기도 해요. 또한 분해된 플라스틱은 해저에 사는 미생물이 섭취하기도 하고, 전체 먹이 사슬을 오염시키는 미세 입자를 만들어 인간까지 위협하지요.

침입종의 출현

인간 활동과 관련해 생물 다양성을 감소시키는 마지막 원인은 침입종이에요. 20세기 초부터 교통이 발달하면서 국가 간 교류가 급격히 증가했어요. 무역이 늘어나고, 관광 여행도 증가했지요. 그러면서 배나 비행기를 통해서 새로운 동물들이 많이 들어왔어요. 이 동물들은 낯선 지역에 적응해 살면서 이미 그곳에 살고 있던 본토종에 피해를 주기도 해요. 이에 따라 연결된 생태계 전체가 위협받게 되지요. 예를 들어 뉴트리아나 영국갯끈풀 등은 우리나라의 환경을 파괴하는 침입종이에요.

생물 다양성 감소

지구 환경의 75%는 인간의 활동으로 심하게 손상되고 있어요. 그로 인해 800만 가지가 넘는 생물종(육지 590만 종과 해양 220만 종) 중에서 100만 종 정도가 멸종 위기에 처해 있습니다.
생물종별로 정리해 보면 아래 비율만큼 멸종 위기를 겪고 있어요.

무척추동물

산호 : 33%

복족류 : 7%

곤충 : 10%

갑각류 : 27%

척추동물

물고기 : 7%

양서류 : 41%

포유류 : 25%
(그중 해양 포유류 39%)

파충류 : 19%

조류 : 13%

다양한 국제 환경 기구

유엔(UN)

1945년에 설립된 국제기구로 193개의 회원국이 있어요. 유엔의 목표는 국가 간의 평화를 유지하고, 공동의 목표를 달성할 수 있도록 돕는 것이에요. 생물 다양성을 보전하는 것이 그 목표 중 하나지요.

생물 다양성 과학 기구(IPBES)

2012년에 유엔에서 설립한 국제기구예요. 생물 다양성 감소에 대한 과학적 조사와 연구를 해요. 그리고 그 결과를 각국 정책 결정자들에게 전달해서 국가별로 생태계를 살리는 정책을 만들도록 지원하고 있지요.

식량 농업 기구(FAO)

세계 식량과 기아 문제 개선을 목적으로 하는 유엔 산하 기구예요. 생물 다양성과 생태계를 보전하면서 농사를 짓는 지속 가능한 농업을 촉진하지요.

유엔 환경 계획(UNEP)

지구 환경 문제를 다루기 위해 유엔에서 만든 환경 문제 전담 국제기구예요. 광범위한 의미에서 환경 보호를 위한 국가 간 협력을 장려하고 있어요.

국제 자연 보전 연맹(IUCN)

전 세계 자원 및 자연 보호를 위하여 유엔의 지원을 받아 1948년에 국제기구가 되었어요. 이 조직은 1,000개의 다른 조직과 10,000명 이상의 전문가와 과학자들로 구성되어 있지요. 1964년부터 주요 임무 중 하나는 멸종 위기에 처한 종의 목록을 작성해서 사람들에게 경각심을 주는 거예요. 2019년에는 이 목록에 98,512종이 포함되었지요. 그중 27,159종이 멸종 위기에 처한 것으로 여겨지고 있어요.

자연 보호 협회(TNC)

1951년 미국에서 설립된 환경 보호 기구예요. 생물 다양성을 보존하기 위해 자연 공간과 자원을 보호하는 캠페인을 벌이곤 해요.

세계 자연 기금(WWF)

세계 자연 기금은 1961년 영국의 생물학자들이 설립한 조직으로, 세계의 야생 동물과 자연 그대로의 원시적 환경을 보호하기 위한 국제단체예요. 100개 이상의 국가가 활동하고 있으며, 6백만 명 이상의 지지자가 있지요.

국제 보존 협회(CI)

1987년 미국에서 설립된 조직으로 과학적 연구를 통해 '생물 다양성 핫스폿'을 설정하고 보호해요. 주로 아프리카, 태평양 주변 국가, 중남미에서 활동하고 있어요.

야심 찬 목표

1992년 리우데자네이루에서 열린 지구 정상 회의에서 참가국들은 생물 다양성에 관한 협약을 승인했어요.
유엔 기후 변화 협약과 마찬가지로, 이 국제 조약은 서명한 모든 국가들이 당사국 총회라고 불리는 대규모 회의에서 만나도록 규정하고 있어요. 당사국 총회는 기후 변화 협약에 관련된 나라들이 그 내용을 논의하기 위해 개최하는 회의예요. 약 2년마다 다른 대륙(인도네시아의 자카르타, 아르헨티나의 부에노스아이레스, 케냐의 나이로비, 네덜란드의 헤이그 등)에서 개최되고 있어요. 각 국가는 이 회의에서 생물 다양성을 보존하는 공동의 결정을 내리고자 해요.

비관적인 전망

2010년 일본 나고야에서 열린 제10차 당사국 총회에서는 생물 다양성을 보존하기 위해 2020년까지 달성해야 하는 20개의 목표를 포함한 계획을 채택했어요. 이러한 목표 중에는 더 이상 살아 있는 종의 자연 서식지를 파괴하지 않고, 남획을 막고, 그곳에 사는 종들을 위한 보호 구역을 더 많이 만들거나, 멸종 위기에 처한 종들을 보호하겠다는 약속이 포함되어 있어요.

그래서 이 회의에 참가한 국가들은 농업, 관광, 주택 등 모든 분야에서 정치적 선택을 할 때마다 이 약속을 고려해야 하지요.

그러나 생물 다양성 과학 기구에 따르면, 예상과 달리 2020년 말까지 모든 목표를 달성할 수는 없었어요.

이후 전문가들은 2050년까지 가장 낙관적인 것부터 가장 비관적인 것까지 다양한 생물종 시나리오를 만들었는데, 모든 국가에서 급진적인 정책이 신속하게 결정되지 않는다면 생물 다양성은 계속 악화될 거라고 해요.

과학자들은 이제 인류가 자연을 어떻게 활용할지 깊이 생각해 봐야 한다고 말해요. 예를 들어, 고기를 적게 먹는 것은 동물에게 줄 곡물을 키우는 데 이용되는 농지의 사용을 줄이겠지요. 또 기후 변화에 효과적으로 대처하기 위한 정책을 세우는 것은 자연을 더 보존할 수 있게 해 줄 거예요.

한편, 생물 다양성 과학 기구는 경제 및 금융 시스템도 변화해야 한다고 말합니다. 예를 들어 국가가 대규모 어업이나 집중 농업 또는 석유, 가스, 석탄 등과 같은 화석 연료를 남용하거나 기후 변화에 일조하는 기업에 대한 재정적 지원을 중단해야 한다는 것이지요.

새로운 희망

2020년 10월 중국 남부 쿤밍에서 새로운 당사국 총회가 열릴 예정이었어요. 하지만 코로나19의 발생으로 당시 회의는 온라인으로 진행되었습니다.

다음 회의는 2022년 캐나다 몬트리올에서 열렸어요. 이 회의에서 전 지구적 생물 다양성 전략 계획인 '쿤밍-몬트리올 글로벌 생물 다양성 프레임워크'가 채택되었어요.

이 계획은 '자연과 조화로운 삶'이라는 비전을 2050년까지 달성하기 위해 사회, 경제 등 전 분야에서 환경적인 행동을 할 것을 강조하는 내용이에요. 특히 2030년까지 육상 및 해양의 최소 30%를 보호 지역으로 관리하고, 훼손된 육지 및 해양 생태계를 최소 30% 이상 복원하기로 했어요. 살충제 및 유해 화학 물질을 줄이고, 침입종의 유입과 정착률도 절반으로 줄이는 등 구체적이고 도전적인 목표가 세워졌습니다.

모든 국가의 준비 상황이 똑같지는 않기 때문에 목표를 실행하려는 국가 간 협상은 쉽지 않을 것으로 예상돼요. 또한 2010년 당사국 총회에서 설정된 목표가 실패했던 것을 생각하면, 새로운 목표도 성공할 수 있을지 걱정이지요.

그래도 전문가들은 희망을 잃지 않고 있어요. 이번에는 국가들이 쉽게 실행할 수 있도록 목표를 더 상세하게 만들었고, 달성해야 할 수치도 명시했어요. 또한 재정을 마련하는 점진적 계획을 수립하였고, 과학 기술의 협력을 통해 나라별 격차를 해소하는 방안도 만들기로 했습니다.

우리는 모두 생물이니까

과학자들은 생물종의 점진적인 소멸에 대해 경고해요. 한 종의 멸종은 다른 종들에게 영향을 미치며, 생태계 전체 시스템을 교란해 인간에게도 영향을 미칩니다.

생물종에 가해지는 위협이나 잠재적 소멸 외에도 인류 전체는 환경 문제로 인한 위험에 처해 있습니다. 천연자원이 감소하면 식량이 부족해지고, 마실 물을 공급하는 것도 어려워질 거예요. 특히 건조한 일부 지역에서는 그 영향이 더 클 것입니다.

또한 식물은 약에 사용되는 많은 물질을 공급하기 때문에 의료 서비스도 열악해질 수 있어요. 특정 식물이 희귀해지면 치료제가 더 비싸질 거예요.

생물 다양성 과학 기구에 따르면, 생물 다양성의 감소와 생물종이 제공하는 천연자원의 감소는 국가 간 또는 국민 간의 갈등을 더 부채질할 수 있다고 해요. 따라서 생물 다양성 보존은 다양한 생태계 사이에서, 그리고 인간 사이에서 균형을 유지하는 필수적인 방법이에요. 또한 궁극적으로 모든 사람에게 자연이 제공하는 자원에 동등하게 접근할 수 있도록 해 주는 길이 될 것입니다.

뉴제너레이션 시리즈 04

우리는 모두 생물이니까

초판 1쇄 인쇄 2024년 2월 20일
초판 1쇄 발행 2024년 2월 27일

글 줄리 라르동
그림 요한 콜롬비에 비베스
옮김 곽지원

펴낸이 김선식
펴낸곳 다산북스

부사장 김은영
어린이사업부총괄이사 이유남
책임편집 박슬기 디자인 남정임 책임마케터 박상준
어린이콘텐츠사업4팀장 강지하 어린이콘텐츠사업4팀 최방울 박슬기
어린이디자인팀 남정임 차다운
마케팅본부장 권장규 마케팅3팀 최민용 안호성 박상준 송지은
미디어홍보본부장 정명찬 뉴미디어팀 문윤정 이예주
편집관리팀 조세현 김호주 백설희 저작권팀 한승빈 이슬 윤제희 제휴사업팀 류승은
재무관리팀 하미선 윤이경 김재경 이보람 임혜정
인사총무팀 강미숙 지석배 김혜진 황종원
제작관리팀 이소현 김소영 김진경 최완규 이지우 박예찬
물류관리팀 김형기 김선민 주정훈 김선진 한유현 전태연 양문현 이민운

출판등록 2005년 12월 23일 제313-2005-00277호
주소 경기도 파주시 회동길 490
전화 02-704-1724 팩스 02-703-2219
다산어린이 공식 카페 cafe.naver.com/dasankids
종이 아이피피 인쇄 및 제본 상지사 코팅 평창피앤지

ISBN 979-11-306-9852-6 (73470)

- 책값은 뒤표지에 있습니다.
- 파본은 본사와 구입하신 서점에서 교환해 드립니다.
- KC마크는 이 제품이 공통안전기준에 적합하였음을 의미합니다.
- 이 책은 저작권법에 의하여 보호를 받는 저작물이므로 무단 전재와 복제를 금합니다.